中国文化
知识读本

ZHONGGUO WENHUA ZHISHI DUBEN

高山族

金开诚◎主编

牟景珊◎编著

吉林出版集团有限责任公司

吉林文史出版社

图书在版编目（CIP）数据

高山族/牟景珊编著.——长春：
吉林出版集团有限责任公司,2010.5
(2018.1重印)(中国文化知识读本)
ISBN 978-7-5463-3063-1

Ⅰ.①高…Ⅱ.①牟…Ⅲ.①高山族-民族文化-
中国 Ⅳ.①K288.4

中国版本图书馆CIP数据核字(2010)第163942号

高山族

GAOSHANZU

主编/ 金开诚 编著/牟景珊

项目负责/崔博华 责任编辑/曹恒 于涉

责任校对/王非 装帧设计/曹恒

出版发行/吉林文史出版社 吉林出版集团有限责任公司

地址/长春市人民大街4646号 邮编/130021

电话/0431-86037503 传真/0431-86037589

印刷/北京龙跃印务有限公司

版次/ 2010年5月第1版 2018年1月第2次印刷

开本/640mm×920mm 1/16

印张/9 字数/30千

书号/ISBN 978-7-5463-3063-1

定价/34.80元

关于《中国文化知识读本》

　　文化是一种社会现象，是人类物质文明和精神文明有机融合的产物；同时又是一种历史现象，是社会的历史沉积。当今世界，随着经济全球化进程的加快，人们也越来越重视本民族的文化。我们只有加强对本民族文化的继承和创新，才能更好地弘扬民族精神，增强民族凝聚力。历史经验告诉我们，任何一个民族要想屹立于世界民族之林，必须具有自尊、自信、自强的民族意识。文化是维系一个民族生存和发展的强大动力。一个民族的存在依赖文化，文化的解体就是一个民族的消亡。

　　随着我国综合国力的日益强大，广大民众对重塑民族自尊心和自豪感的愿望日益迫切。作为民族大家庭中的一员，将源远流长、博大精深的中国文化继承并传播给广大群众，特别是青年一代，是我们出版人义不容辞的责任。

　　《中国文化知识读本》是由吉林出版集团有限责任公司和吉林文史出版社组织国内知名专家学者编写的一套旨在传播中华五千年优秀传统文化，提高全民文化修养的大型知识读本。该书在深入挖掘和整理中华优秀传统文化成果的同时，结合社会发展，注入了时代精神。书中优美生动的文字、简明通俗的语言、图文并茂的形式，把中国文化中的物态文化、制度文化、行为文化、精神文化等知识要点全面展示给读者。点点滴滴的文化知识仿佛颗颗繁星，组成了灿烂辉煌的中国文化的天穹。

　　希望本书能为弘扬中华五千年优秀传统文化、增强各民族团结、构建社会主义和谐社会尽一份绵薄之力，也坚信我们的中华民族一定能够早日实现伟大复兴！

【目录】

一 古老神秘的高山部落

高山族民居
台湾阿里山的水光山色

（一）历史

高山族是台湾地区少数民族的统称。明代之前的历史上，并没有高山族这个名称，其称谓通常是和当时台湾的地名相联系的。比如，三国时期高山族被称为"夷州人"或"山夷"；隋朝时被称为"琉求人"；宋元时期被称为"琉球""溜球"或"土人"；明代时被称为"东番夷"；郑成功收复台湾后，别称为"土番""土民"；清代时被称为"番族""番人"，将高山族居住地称为"番社"。又根据居住地和生产生活习俗不同，将其分为"生番""熟番""高山番""平埔番"等等。

有关高山族的民族来源，有很多说

台湾东海一景

法。主要有原住民说、西来说、南来说、和多源说。西来说，是以高山族的文身、崇拜蛇等习俗为依据，表明高山族是"百越之族的支裔"。南来说，是因为高山族的语言、文化等方面和马来族相似，所以，认为高山族的祖先是菲律宾、婆罗洲诸岛上的原马来人。多源说，在高山族所继承下来的传统习俗中可以发现很多华南古文化的特质，如巢居、公廨、杵臼、嗜槟榔、珠贝、断发文身、凿齿、歌舞、猎头、祭祀、巫术、祖先崇拜、射日神话、太阳与蛇和鸟崇拜等等。其中的凿齿、巢居、蛇崇拜都是古越人的文化特征，这证明了高山族与古越人同出一脉。由于台湾在东南海滨，漫长的岁月里，有可能在琉球群岛、南方菲律宾、婆罗洲以及密克罗尼西亚诸岛不断迁来一些移民，在长时间的融合中，渐渐发展成为高山族。在明清时期，逐渐出现统一的族名"东番"或"番族"，这是高山族开始成为单一民族的标志。

高山族民居

（二）社会与经济

　　高山族的起源最早可以追溯到旧石器时代从大陆迁入台湾的古人类，新石器时代则属于大陆东南越文化圈的台湾高山族先民，在长期历史磨合的过程中仍然保持发展的连贯性，使之成为高山族的主要来源，后来又慢慢融合了从南洋及大陆迁入台湾的移民。

　　根据在台湾发现的几万年以前的"左镇人"化石和"长滨文化"，推算出台湾在数万年以前就有人居住，而且早期居民社会发展的各个阶段都和华南大陆的原始文化密切相关。三万年前，祖国大陆和台湾是相连的，"左镇人"也许

高山族人居住的石板屋

就是在这时移居到台湾的。在台湾新石器时代遗址出土的肩石斧、段石锛等文物和大陆东南沿海出土的为同一类型，表明三四千年前，大陆的新石器文化穿越海峡传入台湾。所以，台湾新石器时代的先民可能是古越人迁移过去的。从很早以前，我们中华民族的祖先就开发了这块宝地，并且保持密切的联系。

历史记载，三国时，吴国孙权派卫温、诸葛直率领军队渡海到台湾，并且带回数千名当地居民。那时的高山先民们分为不同的部落，部落的各项事务由其成员共同管理，称普通成员为"弥麟"。先民们使用石斧、石环等落后的生产生活用具,畜牧业并不发达,而且盛行男嫁女家的婚姻习俗,基本停留在母系氏族社会的生活中。

在唐代,原始社会的高山族除了采集、狩猎外,开始发展农耕、畜牧,生产工具仍是以石器为主。例如,垦殖工具有长尺余的石刃、石插,战斗用鹿角,牲畜也只有鸡和猪,没有牛、羊及其他家禽。所以,此时的畜牧业仍然处于不发达阶段。部落里有酋长,如果有人犯罪,部落的成员就一同商议处置的方法。处置的方法有:绳索捆绑,杖责,如果犯了严重的罪行会被处死。当酋长要召开会议时,就会用木棍击鼓,无论路程远近,

绿树掩映下的高山族民居

古老神秘的高山部落

富有特色的高山族建筑

部落的成员都来参加会议。此时的先民用结绳的方式记事，没有文字，不懂历法，崇拜山神、海神。

到了元代，澎湖隶属福建晋江县。元政府在澎湖设立巡检司，表明我国在宋元时，中央政府已在台湾正式设治。

明代，高山族的农牧业、狩猎有了进一步发展。此时的作物种类有红薯、芋头、豆类、葱、姜等。农业生产的水平仍然很低，只能自给自足，没有多余的财富积累，但鹿产品有剩余，并且可以和大陆的汉人交换玛瑙、瓷器、盐、布等生活用品，不过各个部落仍处于老死不相往来的状态。

明代中后期，越来越多的汉族人民迁居到台湾，这使两族人民在社会生产、生活时得到直接接触，加快了台湾地区经济发展步伐。

明末，郑成功收复台湾。在郑氏对台湾的统治下，进行了一系列有利于发展高山族文化、经济的措施。例如，禁止军队在高山族土地上垦荒，帮助高山族同胞发展铁制农具和耕牛，改善农业生产技术，让高山族引入汉族先进的农业生产技术和知识，创办学校鼓励高山儿童入学，开展贸易等。这些有效措施使高山族经济得到进一步的提高。

　　清代，封建地主经济得到发展，大部分地区从事锄耕，实行休耕制度。在深山居住的人们主要从事狩猎，狩猎称为"出草"，以捕鹿为主，同时也捕野牛、野猪、熊、豹等，使用方矢镖枪，集体围猎，并且集体种芋、薯及少数谷物，贸易畜力，把所有收获平均分配。

　　历史将高山族的逐渐迁移和转化呈现在我们面前，见证了一个民族从无到有，从原始氏族部落到发展生产力的过程。铸就了少数民族大家庭中的一个成员，为高山先民的神秘足迹做了无形的记录。

高山族民居一景

古老神秘的高山部落

二 古朴粗犷的高山习俗

当你走进高山部落，可以从他们的衣食住行中欣赏他们的民族风采。从服饰里，我们可以看出高山族人的追求和审美；从食物中我们可以尝到鲜明的地方特色；从建筑中可以寻找出高山先民的生活原点。

（一）服饰

我国少数民族的服饰可以说是中国服饰的一朵奇葩，绽放耀眼的光芒。高山族不同族群的传统服饰各有特色。男子的服装包括腰裙、套裙、挑绣羽冠、长袍等，女子服装包括短衣长裙、围裙、膝裤等，除服装之外，还有很多饰物，如冠饰、

高山族泰雅人和卑南人服饰

身着民族服饰舞蹈的高山族小伙子

臂饰、脚饰等。节日里，身着盛装舞蹈时，头上戴着用鲜花制成花环，非常漂亮。在台湾高山族看来，饰物不仅美观，还象征着身份，这也是古代百越族的传统。

　　不同支系的高山族人对服饰风格的偏爱也大不相同。排湾男人喜欢穿有刺绣的衣服，并用动物的羽毛做装饰物，女子服装有花头巾、刺绣长衣、长袍；阿美人有刺绣围裙，男子有挑绣长袍、红羽毛披肩；布农男子主要穿皮衣，女子缠头巾、短上衣、腰裙；鲁凯人的传统服饰大多是用棉布和麻布制成的，色彩鲜艳，以红、黄、黑为主要颜色，做工精巧,她们是高山族服饰制作的佼佼者。节日里,鲁凯男子戴上漂亮的帽章、穿上华丽的上衣,英俊潇洒,女子穿着挂满珠子的礼袍或裙子,美丽迷人;泰雅人的服装一般分为便装和盛装。平日里劳动穿便装,妇女们的服装大都是无领无袖无扣的筒衣。过节时穿盛装,还要佩带许多的装饰品,特别的是,泰雅男子的饰物比女子还多。

高山族的泰雅人、阿美人、赛夏人有一种原始的服装——交领衣。交领衣的特点是:无领、无袖、无带、无扣。分为长短两种,长的到膝盖,短的达肚子,都是用两幅布缝成的。缝制方法为:将布对

风景如画的高山族聚居地区

折,后幅的缝和两侧的缝留出袖口的位置然后缝合。前幅张开为襟,一般和胸衣搭配穿着。胸衣是指一块斜方布,从脖子后挂向前胸,用绳带系上,另外配有两条带子在后腰。从服装的制作可以看出,这是最简单的制衣方式。

与交领衣相比,贝衣则是做工考究、制作流程复杂,同时象征权力和财富的服饰。泰雅人不仅擅长麻纺织,还能制作十分精美的贝衣。过去的酋长和那些富有的人才能拥有贝衣。贝衣又叫贝珠、珠衣,是以两幅麻布做成的无袖上衣为基础,上面缝上一串串贝珠。贝衣最主要的原材料是石渠贝,他们把贝切成细片,再仔细地磨成贝珠,把磨好的极其细小的贝珠一粒一粒的穿成串,缝在麻布衣服的襟边,两边的下摆处,甚至布满全身。每件贝衣都需要几万至几十万的贝珠,所以,制作一件贝衣要花费相当长的时间。

高山族在古代以裸为美,兰屿岛上的男子们常年裸身,下身仅用丁字带遮掩。妇女也只用一块方布遮盖上下身,只有祭祀时才会穿得严密些。到了20世纪70年代,雅美人外出工作的人或来岛上旅游观光的人越来越多,这使高

高山族传统服饰——交领衣

身着民族服装，翩翩起舞的高山族人

山族的服饰文化受到了影响。

高山族不仅衣服有特色，其他配饰也有独特的风格。皮帽是排湾人和曹人的所爱，这种皮帽的特点是：它要用完整的鹿头皮制成，鹿角和鹿耳保留不动，鼻子上装饰着两颗兽牙，在额头上竖着插一个鹿皮条，帽子下沿围猪皮或其他兽皮，这是其中一种；另外一种比较简单，是用两片水瓢形状的鹿革缝成的，带戴上可以保护头部不用时将其卷起来，在用皮带扣住。

首饰是服饰中必不可少的一部分，包括头饰相连、手饰、脚饰等。高山族头饰的原材料有和很多，有竹质的、贝壳

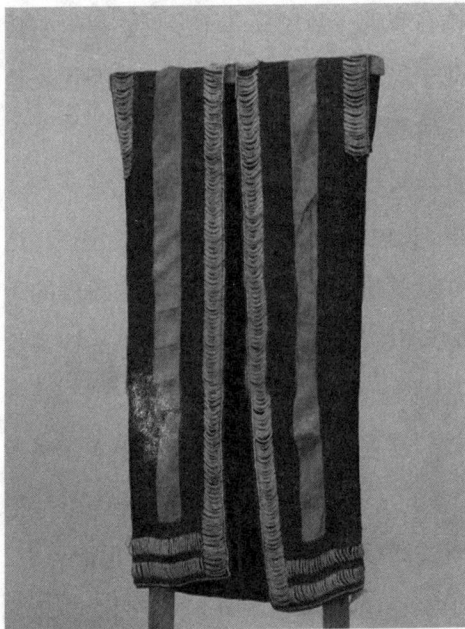

的、骨质的和银、铜、铅等金属,其中,骨质的耳环比较有特点,有的状如蘑菇,表面和管住都磨得很光滑,有的如梯形状,细致光滑,一面凸起,一面凹下去,在窄端的两个小孔上串上黑、白、红的珠串,戴起来及其别致。

高山族密编藤盔

项链,以贝质和骨质为主,多用梯形的贝片或者骨片穿成,也可以用贝珠或玻璃、鱼类的脊椎骨制作。手饰,高山族的手镯分为贝镯、牙镯和铜镯等等。贝镯是用贝壳的胴部磨制成的,古籍中称贝镯为"哈钏"。 牙镯,是用两颗兽牙相连制成的镯子,内部用木钉连接,外部用用布和钱包裹,很美观。脚饰,脚饰在我国少数民族并不多见，只有少数几个民族有。高山族脚饰的典型代表是珠铃脚饰。它是在一条很窄的布带下垂挂珠贝串和铜铃，大约挂十几到一百多串，长短约十厘米，下面在系上铜铃，这样就制作成了。把布条系脚上，跳舞的时候可以听到悦耳的铃声，清脆的铃声就是跳舞时的最佳伴奏。

赛夏人有一种饰物最吸引人，叫做"背响"。"背响"又称"臀饰"，是在举行祭奠或舞蹈中使用的，形状大小很像背心，上窄下宽，绣着各种花纹，下面缀着流苏和小铜铃，背在背上，跳舞时发出一片声响，煞是好听。

高山族民居前鲜艳的花朵

凿齿，高山族原始的民族装饰，又称"拔牙""缺齿"等。泰雅人、赛夏人、布农人、曹人都有这个习俗，阿美人、卑南人还有染齿的习俗。高山人认为凿齿、染齿是一种美丽的装饰。凿齿仅限于上颌，讲究对称，男女相同，都是拔左右第二门齿，也有拔左右两门齿或大齿的。拔牙的年龄为九至十二岁，多在冬天进行。拔牙时，先在要拔掉的牙齿上垫上木片，接着用刀背、铁片等硬物将牙齿敲打松动，最后用绳子系住牙根，用力把牙拔掉。拔掉后用烟灰对伤口进行消毒。他们认为牙齿是生命的一部分，为了保持完整，拔掉的牙齿要埋藏，地点

风光无限的阿里山

古朴粗犷的高山习俗
019

多选在屋檐下、滴水处或粮仓前柱下。从前,情人间会互相赠送牙齿并彼此珍藏,可见,拔掉的牙齿仍然很重要。

(二) 饮食

饮食在人们的日常生活中有着举足轻重的地位,在解决温饱的同时,人们又打造出各民族不同的饮食风俗,或者闻名于世界,或者闻名于乡间僻壤。无论是在雪域高原还是江南水乡,其饮食都有自己的风味特色。

高山族的主食是谷类和薯类。除雅美人和布农人以外,其他族群都以稻米

高山族特色饮食——烤飞鱼

为日常主食,以薯类和杂粮为补充。雅美人以芋头、小米和鱼为主食,布农人以小米、玉米和地瓜为主食。各地制作食物的方法也不同。大部分高山人制作主食时把稻米煮成饭,或将糯米、玉米面蒸成糕与糍粑,而布农人在制作主食时,喜欢将锅内小米饭打烂成糊食用,排湾人的节日佳肴是用香蕉叶子卷粘小米,掺花生和兽肉,最后蒸熟,这不仅是在节日食用,狩猎时也可带去。不过作为狩猎带去的食物,馅里一般不加咸

姜是高山族人普遍喜爱的食物

味调料。泰雅人的打猎食物是用香蕉做馅裹上糯米，然后用香蕉叶子包好，蒸熟。排湾人喜欢将地瓜、木豆等掺合在一起，煮熟后当饭吃。雅美人将饭或粥与芋头、红薯掺在一起，煮熟作为主食。干芋或煮熟的红薯及类似粽子的糯米制品是外出劳动或旅行的常背干粮。排湾等族上山狩猎时，不用带锅，只需要火柴，先把石块垒起，用干柴烧热，芋头、地瓜等放在石块下面，用沙土盖在石块上，熟后食用。

高山族种植蔬菜的种类很多。有南瓜、韭菜、萝卜、豆类、辣椒、姜和各种山笋野菜。雅美人吃芥菜时，先把正在生长

中的叶撕下来，用盐揉好，过两三天再
才吃。这样，留在地里的芥菜根继续生
长。姜是高山族普遍喜爱的食物，或者
直接用姜蘸盐当菜，或者用盐加辣椒腌
制。

饲养猪、牛、鸡是肉类的主要来源，
不过捕鱼和狩猎也是日常肉类重要来，
特别是在山林里居住的高山族，猎物几

狩猎是居住在山林中的高山族人日常肉类的重
要来源

乎是日常肉类的主要来源。山林里有很
多的野生动物，如野猪、鹿及猴子等。这
些动物的肉都可入菜。排湾人吃鱼的方
法很特别，捞到鱼后，就地取一块石板
烧热，把鱼放在石板上烤，烤到八成熟，

古朴粗犷的高山习俗

高山族特色船只

撒上盐便可以食用了。阿美人做肉菜，把切成块的肉插上竹签上，煮熟后放在一个大盆里，全家人围坐在盆边，用藤编的小篮盛饭，一手抓饭，一手取肉吃。到插秧的季节，他们喜欢捉水田里的小青蛙，带回家中洗净、煮熟食用。部分阿美、泰雅等族人也吃捕来的生鱼，他们还喜欢将猎物的肉加盐跟煮得半熟的小米一起腌存，可以吃上几个月。

保存食品常用的几种方法是腌、晒干和烤干，认为腌制一两年的猪、鱼肉才称得上是上肴。高山族过去不喝开水，也没有喝茶的习惯。泰雅人有一种神奇的

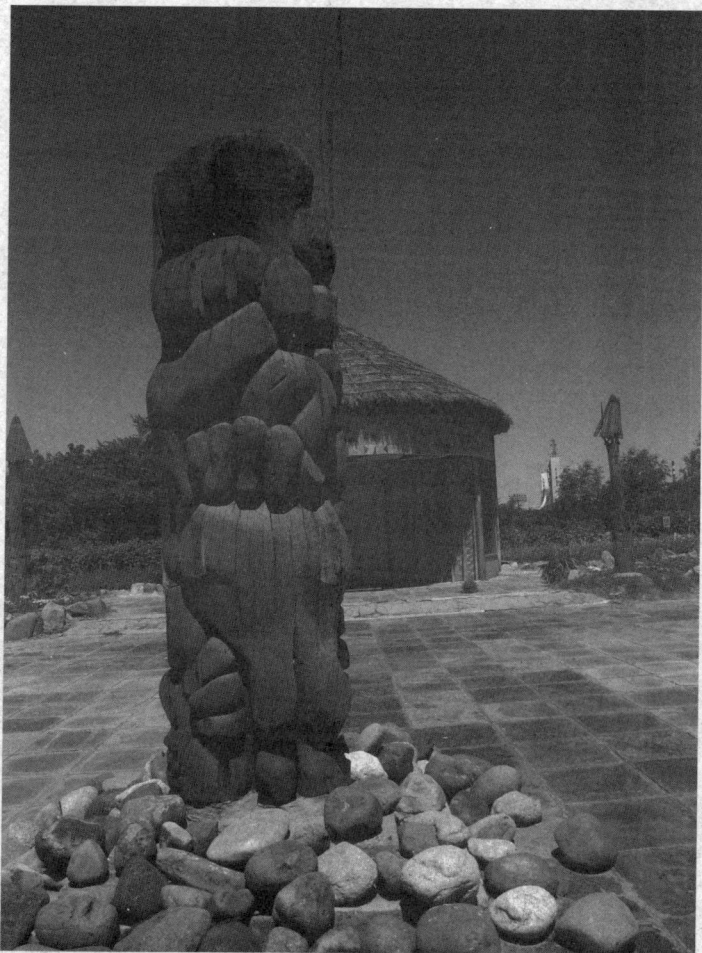

高山族图腾柱

饮料是用生姜或辣椒泡的凉水,据说这种饮料有治腹痛的功能。高山族男女都嗜酒, 一般是饮用自家酿制的米酒,如粟酒、米酒和薯酒。

饮食禁忌:

高山族大多不食动物的头和尾,在祭仪、出猎、丧葬等特殊场合,禁忌食鱼,他们认为腥是不吉利的。台湾高山

高山族图腾

族是古越族的苗裔，他们认为狗肉是食物中的珍品，有以狗肉做"牺牲"的风俗。在沿海地区的高山族则习惯以鱼类、贝类、水芋、野菜为副食。把用海水渍过后的鱼类晒干贮存备食。兰屿岛上的雅美人大多数以捕鱼为业，所以三餐都会有鱼，但由于缺少稻米，便以芋薯为主食。兰屿的高山同胞还有一个有趣的食鱼习俗：女人吃红黑花纹或白色的好鱼；男人吃灰绿色的次等鱼，这种习俗是根据劳力强度不同所定下的饮食规矩。在高山族传统观念中，认为女人最辛苦，除耕作外，还要生儿育女，因此她们应当吃营养成分高的好鱼，这可以说一种奇特的"等级食俗"。表现出高山族女性的地位。雅美人不善于贮存收获的鱼，通常只有捕到大量飞鱼而又吃不完的时候才把它晒成干，以便在台风来临期间食用，而其他吃不完的鱼就丢弃。那些鱼干大概可以称得上是他们拥有的最主要的"财物"了。兰屿的高山人吃饭大都不用筷子，他们将饭盛入盆子，放在地上，大家蹲着用手抓饭吃。

高山族同胞喜欢在节日或喜庆的日子里举行宴请和歌舞集会。每到节日，都会杀猪、宰牛，布置酒宴。高山族节日宴

高山族人晾晒的飞鱼

客最富有代表性的食品——糕、糍粑,是用各种糯米制作的,不仅作节日期间的点心,还作为祭祀的供品。年终时,布农人吃一种名为"希诺"的植物叶子,包上糯米蒸熟,本家同宗人共同享用,以此表示庆贺。举行"丰收祭"这天,族人自己带一缸酒,围着篝火,边跳舞、边饮酒,庆祝一年的劳动收获。举行婚礼时,宴请的场面既丰盛又壮观,尤其要准备大量的酒,参加者都要豪饮,而且不醉不归。排湾人举行婚礼时,把小米磨成粉,加水搅糊,把鱼虾包入,但虾尾巴露在外面,捏成鸡蛋大小的团状,放入沸水锅中煮,熟后捞出便可食用。

排湾人在庆祝时常用一种木质的、雕刻精美的连杯，两人抱肩共饮，表示亲密无间，如果有客到来，必定要杀鸡款待。布农人宴客时会先把鸡腿留下来，让客人离去时带在路上吃，意思是，吃了鸡大腿，走路更有气力。鲁凯人擅长垒石烤芋头，烤熟的芋头外脆里软，常带给客人路上食用。

酒在高山族的饮食文化中占据着十分重要的地位，除了阿美人以外，其他高山族族群几乎都嗜好饮酒。在他们的日常生活和社交生活中，随处可以闻到酒的醇香。婚礼、分娩、节庆、建房、狩猎、渔捞以及宗教祭祀等等，无不与酒紧密联

高山族民居

系在一起。所以，他们会事先酿好酒，到时宴饮狂欢，牵手歌舞，尽欢尽醉。在平日里，他们多会向汉族商人买酒，或者是用猎物交换，等酒一交换到手，就会喝个痛快，一直喝到半醒半醉时，才再带几瓶回家。对于高山族来说，饮酒不只是男人的专利。在清代史书中有过记载，说高山族人是善于酿酒的民族，等到酒熟时，便各自携带自家酿的酒，来到村社里聚会，男女群坐在地，用木瓢或椰碗取酒，边饮边舞，一片沸腾，连续狂欢三个晚上，依然毫无醉意。

(三) 建筑

在民族建筑的深处可以找到人类生

高山族民居

古朴粗犷的高山习俗

高山族脚楼

活的原点，它反映一个民族在特定地域、特定时期的生活理念，可以把自己的建筑和大自然融合成为一体。

高山族的居住方式有自己的风格，他们的居住受到地理环境和气候等因素的制约，他们要迎合大自然的要求，来建造适合自己建筑群。

台湾高山族传统的建筑形式为高架竹墙，茅草顶干栏建筑，里面设床铺，火塘。在住宅群的中央建会所，前面有广场。高山族人通常选择背山面河的险峻山区或小型台地聚居，聚居的村庄周围密植竹林，有碉楼建在村口，以便瞭望、防守。高山族的传统房屋一般分毕堵混、平台屋、石板屋、塔务拉干四种。毕堵混，是平铺人对其传统住房的叫法；平台屋，地基高于地面，状如覆舟；石板屋，是排湾人、鲁凯人的传统住宅，一面坡形，顶上盖以薄石板，有的屋旁还立着排湾石刻祖灵像。塔务拉干，鲁凯妇女的织布小屋，男人禁止入内。

泰雅人的住屋一般都建在山腰上，正面在低处。住屋原来有两种形式：一种全部建在地上，另一种屋内凹入地下，是屋檐高度不超过一点五米的半穴居室的建筑。建筑材料多数以圆木为柱，用小径

圆木横磊作为墙壁，再用桧树皮盖顶建成小型长方木屋；只有小部分以粗竹或圆木为柱，把竹劈成两半竖列为墙壁，平铺作屋顶，建成竹结构的住屋。所有半穴居式住屋，屋内掘下的部分，四周都以积石与土堆作墙腰。住屋都为单室，床铺是用木板或竹片架设的长列，全家人睡在一起。雅美人的房屋为穴屋，是由于雅美人所处的兰屿岛为热带气候，温差比较小，最低温度为二十摄氏度，盛夏有时超过四十摄氏度，多发台风。为了适应气候条件，雅美人把房屋建在低于地面两米多的地下。居室的四周围是木板，木板上

高山族各族群的建筑风格不尽相同

雕刻着图案或花纹，室内挂有羊角、鱼干、贝壳等物。房屋不用门，只有出入孔。岛民相处的融洽，夜间可以不关门，但穴居的特点是阴暗、潮湿。在距离居室不远的地方搭一个约六七尺的高架，上面铺草隔热，四面通风，被称为夏屋或凉棚，多在这里接待亲友、纳凉、集会的地方。

赛夏人住宅所有都用竹材，每个房间功能分割清楚。布农人是父系大家庭，传统家屋的规模很大。曹人在部落入口种有"神木"，会所和广场是社区中部落的中心，会所后是各家的亲家，在后面就是一般的住家，每家屋顶都盖成鼓胀蓬松的椭圆形，像母鸡孵小鸡时的样子。

高山族建筑可以给人以原始、古朴、粗犷的美感。同时，高山族人民克服大自然的障碍，在高山深谷间用藤、竹搭起无支柱的吊桥、拱桥、溜索桥。从这些交通工具中也可以看到高山族人民的一些建筑风格。

宗教建筑——蜂巢，是台湾高山族中赛夏人家传的，蜂巢被放在小藤笼内挂在梁柱上以此为祖灵寄托物。卵形小贝，是曹人祖先从本岛原居地分出时分给各地的象征物，被供奉在社区里。他们把卵形小贝放进木壶里，上面盖上石头，并将其藏在屋内挖好的洞中，每年以酒

高山族建筑给人以一种原始、古朴的感觉

高山族人在村社口设立的神牌

高山族民居内雕像

肉祭祀一次，曹人认此卵形小贝附有祖灵。阿美人将粗略的祖先肖像绘于屋内。

祖庙，阿里山曹人会在村社的入口种植赤榕，这是为祖灵降临而准备的住处。人体雕像是排湾人和鲁凯人的祖灵象征。在鲁凯人和卑南人首领的家门前榕树边会有祖先的人形木像或石碑，这是他们为祖灵降临准备的处所。当然，人形木像或石碑就成为他们的祭祀对象。南部排湾人在恒春一带仅仅将未被雕刻过的石头立在榕树边作为神牌。

(四) 基层组织——社

除了以上的习俗，高山族还有一个特别之处，就是它有一种基层组织——社。社是高山族的基层组织，其实就是自然村寨，小社是由一个氏族组成，大社则由数个氏族组成，一般大社有上千人，小社五六百人，社内实行民主政治，重大问题要由社大会决定。社首领包括头目（领袖）、祭司（或巫师）和长老会。他们是社的最高权力机构。头目的职责是领导耕战、渔猎，裁决内部纠纷，帮助祭司组织祭祀活动。

大多数的高山族社是以会所（会廨）作为社的活动中心的，也是男性年龄组织的教育训练场所。年龄组织是社内部

以年龄作为顺序的一种等级制度。各支
系的年龄等级划分也有细微的差别，大
致分为幼年、少年、青年、壮年和老年等
级别。凡男性，都要归入相应的年龄等
级，担负一定的社会分工。每隔数年，要
举行一次晋级礼。这种制度从少年开始，
严格按照性别施以基本训练。男性主要
是狩猎、耕战方面的技能训练；女性主要
是纺织、家务及采集方面的训练。男子一
旦成年，要举行隆重的成人礼升入青年
等级，进入会所食宿，并参加集体劳动和
作战。青年们在成人礼之后，被承认是部
落正式成员，此时他们才有权参与社里
的政治生活。

传统的高山族草木房

古朴粗犷的高山习俗

到了 20 世纪 50 年代，台湾高山族的社组织逐步走向正规的地方行政管理，过去五六十人的大家族也日趋缩小。但是作为社会意识形态及文化习俗的许多传统在社会生活中仍然起着不可忽视的作用。

（五）医疗保健

高山族人民在长期的生产活动中初步掌握了一些医疗保健知识及治疗方法，涉及内、外、妇、儿科等。但高山族医药的发展仍处于医药经验积累的阶段，并没有形成一个完整的体系。

高山族人有嚼槟榔的习惯

高山族有许多卫生保健知识是与居住地的选择、建筑的认识方面有关的。台湾岛气候多雨高温,山高潮湿,草木丛生,闷热多瘴,这样的气候和环境,让常年居住于山区的高山族同胞在选择居住地及建筑房屋时,首先选择具备有利于身体健康的地点。因此,居住地位置必须是有饮水条件且向阳山坡地,避免阴湿或有强风的开阔地;建筑房屋时,也保留古越人建筑的遗俗,采用干栏式建筑。由于台湾盛产槟榔、薏仁等。高山族各族都有嚼槟榔的习惯,因为槟榔具有杀虫、消积、行水等功效。

　　高山族产妇知道怎样摄取丰富的营养来哺育婴儿,表现为"妇人产乳,必食子衣,产后以火自炙,令汗出,五日便平复"。子衣即胎盘,有补气血、疗虚损等功效,为滋养强壮之品,并且产后百脉皆虚,宜温宜补,所以产后食子衣,以火自炙,这样有利于产妇的身体恢复及哺育婴儿。对于产后阿美族妇女,她的家人会特意捕鱼给产妇食用。赛夏人产妇,她们在生产后一定会先喝姜汤,然后喝糜粥,数日后给以鸡蛋、鸡肉,并忌饮冷水食猪肉。泰雅人妇女生育后,要先休息六天,吃兽肉或豆类,饮酒,以利身体

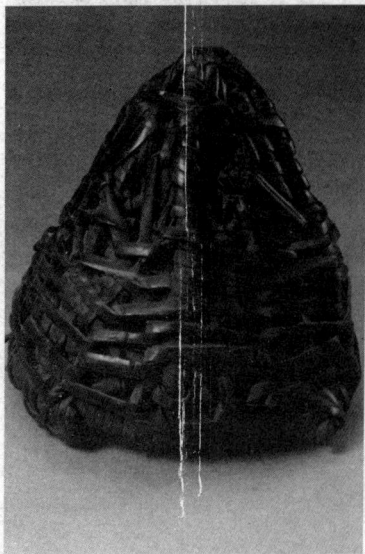

高山族套编藤盔

高山族特色建筑

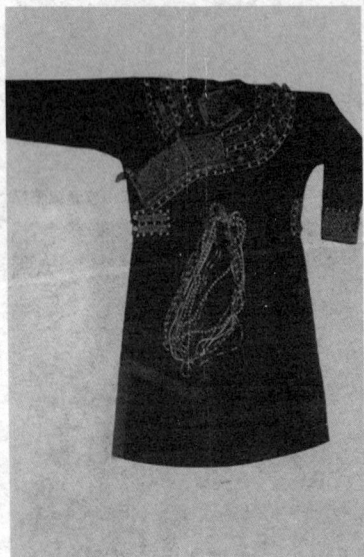
高山族女子服饰

恢复。

在妇女怀孕期间，她们会采用多种方法来保障胎儿的正常发育，并规定了几种禁忌，其中有许多是相当合理的。例如，泰雅妇女分娩以前为了防止流产，要用腹带(腹卷)来保护胎儿，并且不作负重工作及不跳跃。高山族妇女认为适当的劳动会有利分娩，所以，她们在怀孕期间依然参加适度劳动。泰雅族、阿美族、曹族等孕妇都和平常一样，一直劳动到分娩前。泰雅族、阿美族、布农族、赛夏族、曹族、排湾族等民族规定：孕妇怀孕四到五个月后应尽量避免与丈夫发生性关系，避免流产。而且在妇女怀孕期间，夫妇双方都应尽量避免感情的刺激，言行谨慎，尊敬长老和长辈；家人或身边的人也要尽量避免谈论刺激感情的事物。饮食方面，妊娠期间不得食烧焦的食物，不得食死动物的肉、内脏等。

如果孕妇妊娠后将要流产，曹族人则利用某种野草点火，针灸产妇腹部，或把野草与煤烟粉末混合煎熬，让孕妇喝下，来打掉胎儿。对于新生儿，产妇常将少许性寒的蕉果置其口中，能清热；当婴儿有病时，会用面少许，滚汤冲服，能解肌祛热，疾病立瘳。

三 多姿多彩的高山节日

高山族的传统节日通常是和祭祀和为一体庆祝的，而且很多节日都和农事有关，这表现了传统的高山人民的庆典文化。高山族的节日有很多，如播种祭，泰雅人的播种祭在三月下旬春播结束的时候举行；平安祭，布农人庆祝平安祭在农历四月初四；丰年祭，曹人、鲁凯人、阿美人等在八月十五日会庆祝这个重要的节日；竹竿祭，排湾人在农历十月二十五日欢庆这个节日；除此以外，还有卑南人的猴祭与大猎祭，赛夏人的矮灵祭，以及雅美人的飞鱼祭等等。节日盛典中，除了歌舞聚宴外，还有体育比赛、文化展览、游艺活动等。

高山族节日欢庆场面

高山族人欢度丰收节

　　高山族最重要的节日——丰收节，又称作丰年祭、粟祭、丰收祭、收获节。在日月潭一带居住的高山族同胞们称这个节日为"莫拉怒——马拉期塔"，意思是通过对祖灵的祭祀，祈祷明年又是丰收年，祈求人畜兴旺。丰收节相当于汉族人的春节，也表示辞旧迎新的意思。

　　不同的地方过丰收节时间不同，有的是七月末、八月初，有的是十月份。各部落过丰收节的具体时间是由部落的头目决定的。丰收节之前的前两天，部落的头领就会通知大家准备过节。于是，高山族的男人们开始上山打猎，去

高山族人与游客一同庆祝节日

日月潭捕鱼、砍柴,准备节日生篝火。高山族的妇女们主要在家酿制糯米面,做新衣服,办年货。老人们负责杀猪宰羊,各家的门口上都挂上了一串名为"司快司"的草。这与汉族人过春节要贴春联的意思相同。到了除夕之夜,上山打猎的男子们要在山上的小屋里过夜,这是过去的习俗,而现在是在牛棚的顶阁上过夜,妇女们则在广场上相聚并且载歌载舞。由此可知,除夕夜中,男女的活动都是分开的进行的。初一,每家每户会放弃使用现代的火柴取火,而是用原始又古老的方式取火——钻木取火。黎明时,男人们用一根筷子般粗细的小木柱在一块长方形的木块上快速旋转,让摩擦产生的火花点燃一种叫"兰芭子"的草,火燃烧的半个小时后熄灭,这是第一次取火。在第二次取火时才能做饭。接着,妇女们把做好的糯米饭、糯米糕和菜放在祭篮里,拿到集中的地方,有五位女巫主持祭祀祖灵。祭祀结束,妇女们要演"杵乐",成年男子则带打猎的弓箭、枪等用具举行关于打猎的祭祀。丰年祭的主事者是由各氏族的主事者组成,包括安氏族、杨氏族、汪氏族、这些主事者构成了"主祭团"。丰年祭的项目十分丰富,有筑路祭、敬神祭、歌舞祭、团结祭等等。所有的祭祀项目都连续进行三夜,直到第四天送神曲结束。初二,妇女们仍然集中祭祖,但男子上山打猎并将收获的猎物抬到社里主管历法的人家,接着进行一次立箭射兽头的活动,最后有部落的头领平分所获猎物,每家一份。丰年祭的全部过程中,妇女不能接触弓箭等打猎的器具。这个禁忌,妇女们要严格遵守。据说,假如妇女们接触这些禁忌的器具,她们变得又黑又瘦。其实,这种禁忌是对原始氏族严格男女分工的具体表现。初三,举行"凿齿",只要年满12岁的孩子,无论男女都要将上颌两个犬

高山族杵舞表演
多姿多彩的高山节日

高山族篝火晚会场面

齿的齿冠部分凿去。而后，家长们在一起举杯庆祝，此时的孩子们则要集中住在一起，由家长为他们送饭吃。他们白天休息，到了晚上就到广场上看跳舞，这样一直到节日结束为止。

　　这个盛大隆重的节日，除了一系列的祭祀仪式之外，从初三晚上就开始举行篝火晚会。每到夜幕降临，熊熊的篝火就会燃起，高山族的姑娘们将美丽的贝衣穿在身上，把自己打扮的美丽又大方，小伙子们穿上鹿皮短裙，在火光的照耀

下更显自己的英姿。青年男女们围绕着
篝火翩翩起舞，美妙的歌声围绕着火
焰，歌声是对明年的展望，他们预祝明
年可以风调雨顺、人畜平安，同时，青年
男女们还通过歌唱来表达对心上人的
赞美和追求，这样一来，美妙的歌声又
搭建了爱的桥梁。

　　飞鱼祭，有关捕捉飞鱼有这样一个
传说，很早以前，雅美人的祖先作乐这
样一个梦，梦见一条黑色的飞鱼，飞鱼
对他说："你们最好在三月到六月之间
的夜晚捕鱼，火把照亮，飞鱼看见光就
会飞出来，你们就能抓到鱼。飞鱼分为
黑、白、红、黄四种。黑色的飞鱼是飞鱼

奔放的高山族舞蹈

高山族刺球藤活动场面

高山族祭祀场面

之王,你们不能吃。每年在抓飞鱼时你们都要举行祭祀。飞鱼不能用火烤着吃,吃不完剩下的可以晾成鱼干,过了中秋节以后就不能再吃飞鱼了。"

高山族同胞们不仅庆祝本族的节日有声有色,庆祝汉族中秋节时也是别有一番情趣。

每到中秋节,高山族同胞就会身着盛装来到日月潭边,在皎洁的月光照耀下,男女共同玩起托球舞的游戏,之所以要庆祝中秋节,是因为有这样一个美丽的传说。

相传,古代大清溪边有一对年轻又

高山族舞蹈表演

恩爱的夫妻名为大尖哥和水花姐，夫妇二人以捕鱼为生。

有一天，大地突然剧烈震动，太阳和月亮一起消失了。此后，天地无光、花果不长、牛马哭泣。于是大尖哥和水花姐决心找回太阳和月亮。夫妇二人翻山越岭，发现远处的一个深潭忽明忽暗，只见一个公龙和一个母龙不时地将太阳和月亮吐出来又吞进去，玩得很开心。

在老婆婆的指点下，夫妇两人去阿里山脚下挖出一把金斧和一把金剪，用

阿里山森林公园一景

这两样宝贝将公龙和母龙杀死。老婆婆又告诉他们把太阳和月亮送回天上的办法。大尖哥将公龙的两颗眼珠吞下去，水花姐将母龙的两颗眼珠吞下去，二人瞬时间变为两座大山，他们又用大棕榈树将太阳和月亮拖上天空。为了让太阳和月亮不再掉进潭里，大尖哥和水花姐夫妇永远守护在潭边，变成大尖和水花两座大山，人们将这个潭称为"日月潭"。

为了纪念大尖和水花的献身精神，每逢中秋节，高山族同胞们都会到日月潭边，仿照大尖和水花托太阳和月亮那样托起彩球，保证彩球不会掉到地上，来祈求一年的顺利、平安。

四

风格奇特的高山礼仪

高山族人欢度火把节

（一）礼仪

生活中的人际交往或族际交往过程逐渐形成了礼仪。这些礼仪在某种程度上反映了人的素质、精神风貌，也反映民族的文明和风尚。当你来到一个陌生的民族群体，如果你不了解这个民族的礼仪，也许会闹出很多笑话。

用身体致意的礼仪。高山族的雅美人流行用鼻尖碰鼻尖作为见面礼。有客人来访的时候，家里的长辈手里挥舞着燃烧的火把，用自己的鼻尖轻轻摩擦客人的鼻尖片刻，致以问候，对客人的到来表示热烈欢迎。

婚礼是各民族都不能忽略的重要礼节。高山族有很多别样的婚俗。

老大优先是高山族排湾人的一种婚俗。那些风景秀丽、景色迷人的地方，常常被年轻人作为劳动、恋爱的好地方。相爱的两个人，就会经常约会。每天清早，天没亮时，姑娘就会为小伙子家挑水。小伙子则每天都上山砍柴，然后把柴放在姑娘家的门口。这样的具体的行动是在向父母暗示，他们相爱了。如果男方家长同意就会让媒人去说亲，女方同意后，就算正式订婚。不过，订婚几年后才可以结婚。

排湾人有一个习俗，就是不论男女，谁是家中的老大，那就请对方上门。如果双方都是老大，就两边轮流住。如果都不是老大，结婚前男方要自己砍树盖房，另立门户。

　　结婚当天，男方上门必须要在天亮之前赶到女方家，而且要把生活和生产用的东西都带走。如果是两个部落头人的儿女成婚，那么男方上门还要举行隆重的仪式。仪式通常是在草坪或石坪上进行，新郎和他的同伴们到达后，由头目亲自迎接引路，新郎跟在后面，其次是新娘。婚礼这一天，新娘由舅舅背着，身上穿着缀满小铃铛的绣边衣帽，伴娘

高山族妈祖庙

风格奇特的高山礼仪

在左边,手拿着伞把新娘遮住,右边是扛着舂米用的长杵的媒人,走在最后的人敲钟钹。

迎亲开始,头目迈第一步,就敲响钟钹,迎亲的人们踩着钟点有节奏的跳跃着。

新郎迎接新娘,天还未亮就会到家门口,熊熊火把的照耀下,新郎向新娘敬酒。新娘只需要喝一半,另一半由新郎一饮而尽。新郎再将一只槟榔一分两半,给新娘一半,自己一半,这样代表爱情的忠贞。

夫妻离婚时,由谁提出,就罚提出者一坛酒或者一头牛。习俗规定:如果男方

高山族雅美人乘坐拼木雕刻捕鱼船出海

提出离婚，必须等到妇女改嫁以后才能再娶；相反，则必须等男方再娶后，妇女才能再嫁。

背新娘——爱情马拉松是高山族鲁凯人举行婚礼时的风俗。由于鲁凯人生长在茂密的树林中，生活中的劳作使男子汉们可以健步如飞，此时的新郎要张一双"飞毛腿"，这样才能让他在婚礼上轻松自如，因为新郎要背着新娘从开始到入洞房。所以，婚礼也是对新郎能力的考验。娶亲时新郎必须背着礼物，奔跑着迎亲，并且由他的亲朋好友陪同着。跑到女方家门口时，大喊："新郎来接亲了。"进门后，先要把自己背来的礼

风格奇特的高山礼仪
055

物送给女方的父母。当然，新娘不会就这样轻而易举的就被接走，女方早已把新娘绑好藏在隐秘的地方，让新郎自己寻找，找到以后，砍断绳子背起新娘就跑。跑的过程中有一个习俗，就是中途不能停，无论家有多远。当新郎背着新娘跑到自家门口时，族人就会簇拥着新人到广场上举行婚礼舞会。新郎与亲友见面并接受他们的祝福，这一完整的过程都是背着新娘进行的。新郎还要背着新娘绕广场跑两圈，以示感谢。最后把新娘背进洞房，爱情马拉松才告一段落。所以，如果鲁凯男子的心上人家在远方，他就一定提早进行训练，这样才能保证爱情第

高山族慈恩塔

高山族用于摆放野兽头骨的头骨架

部分高山族人家里也有火塘

高山族民居一角

一步万无一失。

　　排湾人婚礼别有一番情趣。婚礼当天，男方娶亲的人都要佩戴刀剑，以展示自己英勇、神武的形象。娶亲队伍由酋长及家长带领，从自己家门前出发到女方家去娶亲。新娘头插着象征纯洁的羽毛，高高地 端坐在婚礼礼堂内的秋千上，等到新娘荡完最后一次秋千，新郎就把新娘抱到地上，这表示走进了人生另一个世界。新娘荡完秋千，她的父母当时就要接受聘礼，点清聘礼后就表示与对方结为亲家。

阿里山风光

高山族村落中的图腾

祭灵——死者的尸体要在家停灵三天，出殡前举行祭灵仪式。祭灵时一般要杀牛杀马。杀马时要把马拴在灵前，长子跪在马的前面，把酒撒在马蹄上，然后才可以杀马。祭灵时，由一个长者诵祭文，其他人跪在棺前或灵前。祭灵当晚会安排以牛马肉为主的"告灵饭"来招待亲友。如果是辈高年长的死者家祭灵会更隆重，娘亲通常要带上一口活猪来当场宰杀以献祭，其他人也要带祭品前来参加。

婚礼和葬礼都是每个民族都有的礼节，而成年礼则不同。成年礼是高山族中很多个支系都要举行的一种礼仪，但其中的细节大不相同。各支系都非常重视成年礼仪，虽然仪式繁简程度不同，但都是以崇尚勇武奋进为宗旨，鼓励、磨炼青年人成材。

台湾高山族阿美人支系，每隔七年举办一次"成年礼"。时间约在农历八月的中旬举行。此时，族内年满十八岁的青年都要参加，而且并须在节日前的一个月就开始练习长跑和歌舞，节日的前两天还要上山去捉野鸡，准备粟酒，供长老和节日时饮用。节日那天，青年们都要先到部落首领家中集合，听长老讲话，宣布

他们已经长大成人，在以后的各个方面都要以成人的标准自己要求。然后大家一起裸身跑向海边的目的地，在那里唱歌、跳舞、欢庆节日。下午，身穿盛装，在村中的青年会所里围成圆圈继续舞蹈。这时，部落首领还会训话，告诉他们如何遵从部落礼节规范。高山族中的成年礼只属于男性。成年礼是男青年步入一生

阿里山一景

最辉煌的转折点，代表着成熟、独立和承担社会责任。

泰雅人成年礼的仪式比较简单。时间大约在每年的十一月间，家长给成年男丁更换成年服饰，他们穿上红线编织的上衣、花色丁字裤，选择好良辰吉日，

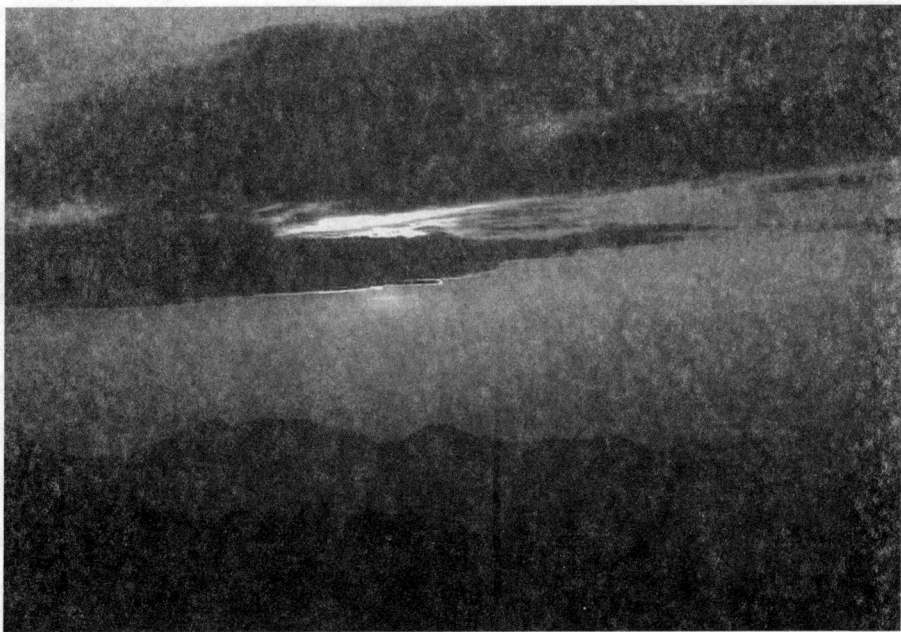

阿里山为台湾著名的风景区

带着弓箭、酒糕等，来到头目庭院，聆听头目讲述祖先的丰功伟绩，传授战术要略，而且要宣誓恪守祖训，发扬光大。仪式最后，就是饮宴歌舞。表示他们是成年人了，可以参加部落性的征战、耕猎等重大活动。

布农人的成年礼是和丰年祭同时举行的。成年男子手挽手，围成一个圈，一位德高望重的长老在圈里讲述祖先征战的历史和英雄事迹，然后，青年们捧出一大杯新酿的粟酒轮流畅饮。饮酒以前，每个人报上自己的姓名、家族系谱，然后高举酒杯一饮而尽，一口气喝完大杯酒的人就称得上是男子汉。

阿里山林木茂盛、风景宜人

阿美人的成年礼，也通常在丰年祭时举行，因部落而异。其中有一种是以赛跑为内容的仪式。比赛路程长约五六里，路途中有山庄、平原和沙滩，坎坷不平。小伙子们身上戴着避邪的姜叶，赤裸着上身，在腰间围着白色丁字裤。命令一下，激烈的角逐开始了。小伙子们犹如骏

高山族民居一角

马奔腾，亲属或恋人在沿途呐喊助威，有一个勇士在后面督阵，手拿着长矛、白鸡，还不停地拔毛，向落后者的后背抛撒，祈求神灵帮助。同时高喊："祖灵与你同在，吉祥随神俱来，跑呀！"一番激烈的追逐后，冠军被任命为成丁年龄级别的首领，然后带领大家到海滨沐浴，求海神为其净化身心，给他们无穷的力量，同时让长矛沾到海水，以拭去污秽邪气，获得无坚不摧的灵气。

曹人的成年礼也在丰年祭时举行，成年小伙子要接受"杖管"的考验，就是由部落长老持藤杖逐一拍打小伙子们的臀部，边打边厉声训斥道："勿贪玩，勿偷懒，牢记祖先遗训！"小伙子们要默默接受杖打，不能表现出痛苦的样子，然后随长老一同绕村一周，再回会所歌舞庆祝。从此，青年们就更换成年服饰，戴鹿皮帽、胸衣，腰佩长刀等。

卑南人一生中会经历两次成年礼，第一次是少年晋级会所礼仪，也就是猴

高山族人的鹿皮靴

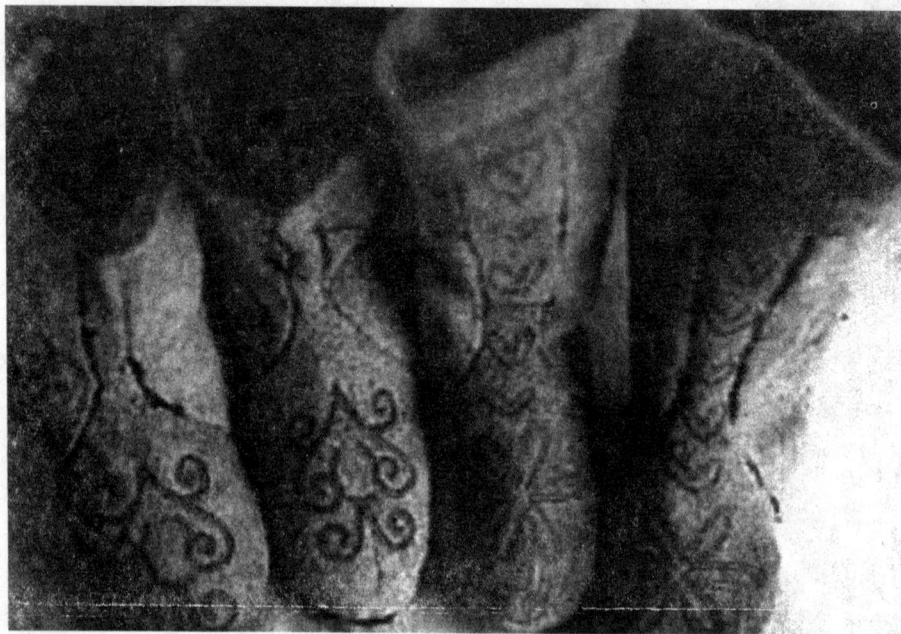

祭,时间通常是在11月间,约十天,主要仪式包括:清扫道路以后,各持棍棒到各家各户进行驱邪活动,而且要接受青年级杖臂训诫。第三天举行杀猴祭。晋升少年会所后,就要围上黑色腰巾。第二次是在"猴祭"盛典后的第十天举行,又称大猎祭。目的是让青年重新回到祖先战斗过的山林体验团猎,以此获得狩猎技能和传统道德教育。狩猎期为五天,先由长老带领青年队伍进山,搭建茅棚和祭台,供老人食宿。当天夜里,在营地点燃篝火,举行庄严的"换巾"礼,即老人为青年解下黑色腰巾,换上一条象征成年的蓝色腰巾。然后开始围

高山族人用于饲养牲畜的草房

风格奇特的高山礼仪

猎,将捕获的猎物当场宰杀祭神后,送给那些成年的男子食用。第二天,青年们分别进入深山密林,展示自己的狩猎本领。狩猎过程中要遵守规定,饮食起居都有严格的限制,只可以打那些山猪、鹿、獐等善于奔跑的动物,族人会在家乡等待这些经过磨练的青年们归来,庆祝又一批青年成长起来了。

(二) 特别的约会习俗

背篓会,是在每年夏末秋初之时举行的一次热闹而隆重的节日盛会。在这节日盛会上,阿美族青年男女通过相互交往,追求自己的爱情和幸福。每到八月十五月圆时,精心打扮过的阿美族少女

高山族方底筒形藤篓

们，都背着精巧雅致的小藤篓，去参加背篓会。这些小藤篓是姑娘们的妈妈亲手编制的，妈妈在小篓上编出表示吉祥如意、爱情幸福等不同的寓意图案，祈求自己的女儿能获得幸福。背篓会开始之前，部落的头人先把小伙子和姑娘召集到槟榔树林里，大声地为他们祝福，祝愿他们每个人都能找到自己的爱人，得到爱情和幸福，让部落能够继续保持繁荣和强大。祝贺完毕，大会正式开始。小伙子们欢呼着奔向槟榔树，开始摘槟榔。槟榔树的特点是高大，表皮光滑，又没有枝杈，想要很快爬上去很不容易。另外还有一个规定，就是爬树时不能让肚皮碰到树干，这就要求小伙子们有强壮的体格和足够的气力了。小伙子们为了在众多的姑娘面前显示自己的本领，博得她们的青睐，都爬得非常卖力。姑娘们则聚在一起，一边为自己的心上人加油助威，一边和同伴们悄悄地议论着谁更矫健、更勇猛。小伙子们爬到树顶后，飞快地摘下槟榔果，装在身上背着的挂包里，再迅速地滑到树下，向姑娘们跑去。一看到小伙子跑过来，姑娘们便跑散开了。小伙子就向着自己早已暗中选中的心上人追去。在小伙子追上姑娘以后，将槟榔投入姑娘的背篓中。此时，姑娘回头细细地打量小伙子，发现不是

高山族火塘

自己看中的,就会充满歉意地把篓里的槟榔抖出来,然后笑着跳着跑开。如果发现正是自己的意中人,就会和他手牵着手,低声交谈,相互表达自己的爱慕之情。如果两人情投意合,姑娘就会送给小伙子自己精心绣制的荷包,来表示自己真挚的情感,然后两人手拉着手,走进槟榔树林里,表达双方对纯真爱情的

阿里山小木屋

追求和对幸福生活的向往。这样的活动会一直持续进行,直到天亮。

"笼子"幽会,台湾山区的那些参差错落的村寨或是修竹茂林之中,常可以看到构筑着式样别致的独立小屋,这就是高山族青年男女在夜晚用来谈情说

高山族姑娘和小伙子奔放的舞姿

爱、甜蜜幽会的"笼子"。当高山姑娘长到十五六岁，成为一个亭亭玉立、美丽动人的少女时，她的父母就要为她精心建造一间小屋——"笼子"，让她独自住在那里，这就意味着他们的女儿已经长大成人，可以参加成年人的各种活动，同时也可以交男朋友了。于是，这样的"笼子"就成为青年男女在一起谈情说爱、相互交流感情的地方。当夜色笼罩大地，月亮从树梢上升起，山寨沉浸在一片宁静之中时，高山族青年男女们，内心如同暴风雨中的日月潭一样起伏翻腾，他们翘首企盼，希望那激动人心而又难忘的时刻快点到来。住在"笼子"里的姑娘，很早就点起了松明灯，把火塘的火烧得旺旺的，屏声静息，等待心上人的到来。而高山族的男青年们则穿戴得干净整洁，借着月光，悄悄地向"笼子"走来。按照传统的规矩，到"笼子"里和姑娘相会的小伙子是不能敲门的，那样被认为是不礼貌，没本事，姑娘会瞧不起，并且永远也不会给他开门。眼看着心爱的姑娘近在咫尺，又不能相见，真是终身的憾事。但这样也不会难住机智聪明的小伙子，他从怀里拿出早就准备好的既小巧又精致的嘴琴含在口中，手儿轻轻地拨动，一阵阵悠扬动听的琴声随着清风一起飘进了"笼子"里。这琴声是在向姑娘示意，小伙子已经来了。小伙子围着"笼子"一曲又一曲的演奏，然而"笼子"的门却依然紧闭着，一方面原因是由于姑娘很腼腆，另一方面原因是姑娘在有意地考验着小伙子。小伙子必然是经得起这点考验的，他会毫不灰心地鼓足劲一遍又一遍地弹奏。悦耳的琴声如山泉般淙淙作响，又如花间双燕私语呢喃，一声声地敲打姑娘的心门。姑娘终于打开了门，满面春风地把小伙子迎进屋里。"笼子"里火塘的火光熊熊燃烧，映红了姑娘和小伙子的脸，他们围炉而坐，一面吃着烧花生和芋

日月潭黄昏的景色十分迷人

风格奇特的高山礼仪

日月潭波光粼粼

头，一面轻声地交谈，相互表达彼此对真挚爱情的追求。随着感情日益加深，心中的激情如烈火越烧越旺，小伙子会情不自禁的放开歌喉，用低沉雄浑的歌声，表达对姑娘的爱慕；姑娘用深情如水的双眼看着小伙子，也深情地对唱起来。两个人就这样你唱我和，用歌声把两颗心紧紧地连在一起。这样的幽会，会持续到鸡叫头遍，他们才要分手。这时，小伙子会从贴心的口袋里掏出槟榔送给姑娘，姑娘也将自己精心绣制的烟荷包送给对方，两人依依不舍挥手道别。在经过一段时间的"笼子"幽会后，两人仍然情投意合，就可以告诉双方的家长，为将来的婚事做打算。

五 种类繁多的高山信仰

蛇在高山族的房屋装饰上、器皿上、雕刻作品上，甚至他们的传统服装上都可以看见的。很多人都会害怕蛇，但有些蛇在高山族的地位中是至高无上的。

百步蛇，头部呈三角形，身体后端阔大，狭长的尾部，身体上明显有三角形纹样。高山人用百步蛇代表他们勇敢、朴实、平和的性格，他们相信，蛇是族人的庇护神，能够为高山人消灾解难。

在中央民族大学民族博物馆展览的四百余件高山族文物，其中有三十多件文物主要是排湾人的木雕器物，这些器物上都雕刻有蛇形花纹图案，或是刻在

高山族木雕

祖灵柱、祭祀用具、武器上，或是刻在首领家的生活用品上。如此众多的蛇形花纹图案，是排湾人蛇图腾崇拜的鲜明表现。

据历史文献记载、民间神话传说和近现代学者的调查，高山族的族群中，基本都有过图腾崇拜的习俗。图腾物象种类也很多，如鸡、犬、牛、龟、鸟、蛇及巨石、竹、太阳等。其中排湾人的蛇图腾崇拜最典型。

排湾人有很多蛇生人的神话，大体分三种。一种是两条巨大的灵蛇产了两颗卵，两颗卵生成排湾人的始祖；另一种是太阳生出两颗彩色的卵，由蛇将其孵化，生成为男女二神，繁衍了人类；第三种是青竹生下四颗卵，几天后变成四个蛇形男女，蛇形男女自相婚配，繁衍了排湾人。

有这么一则神话传说：远古时代，太阳生出一黄一绿两颗卵，落在台湾太武山上，两条百步蛇将其孵化，黄卵生出男子洛莫兹，绿卵生出女子基宁，二人结合，成为排湾人始祖。因此，今天排湾人传统的"五年祭"中还有从太武山迎祭远祖的仪式。在首领的房屋、祖灵柱、祭祀用具、武器、生活用品等器物上

高山族图腾

高山族刻有蛇图案的彩虹桥

会雕饰太阳与百步蛇，以此寄托他们追怀太阳与灵蛇缔造祖先的业绩。

图腾祖先观念留存和传承，使排湾人中出现了图腾神的观念。他们认为蛇是排湾人的始祖，相信它具有超自然的能力，所以会保护排湾人。为了全族人时时刻刻都能得到图腾神的佑护，人们便用各种方法使蛇的形象留于各种器物之上。他们认为，只有这样，才会得到的佑护。由于排湾人陶艺等工艺水平相对落

高山族民居前的雕刻

后，而木雕、藤编等工艺相对发达，所以蛇图腾多出现于日常生活中最常见的木雕器物之上。

排湾人的图腾礼仪和禁忌。首先，作为图腾物的蛇只能给予保护，不能伤害它们，更不能食用。其次，蛇形花纹一般要刻在氏族部落中最神圣、最具威严的地方或器物之上。比如首领的屋子、祖灵柱、祭具、武器等。面对或使用这种器物的时候，不可有任何亵渎的行为或不恭敬的言语。

排湾人的蛇图腾崇拜是有一定的原因的，图腾崇拜是在人类发展的最初阶段出现的一种古老的宗教信仰。之所

高山族崇拜神灵，各地信仰的神不尽相同

种类繁多的高山信仰

高山族蛇图腾

以产生是和人类原始的思维方式、低下的生产力水平相适应的。先民们时时刻刻都可能面临着风雨雷电的袭击、虫蛇猛兽的侵扰。出于恐惧或敬畏的心理，也为了求得生存与安宁，原始时代的人们便找到无论在体质上、力量上，还是在生存与繁殖能力上都远远超过人类的凶猛、有剧毒的百步蛇和龟壳花蛇来获取必要的力量、勇气、技能和保护，寻求心灵上的慰藉与依托，逐渐形成了人类最初的精神信仰——图腾崇拜。

六 载歌载舞的高山文艺

高山族手工编织品

文学和艺术是高山族传统文化不可忽略的一部分,高山族古老的神话,动听的民歌,优美的舞蹈,这其中的任意一部分,都是他们悠久文化的表达。

(一) 文学

高山族有民歌和神话传说等口头文学。民歌有歌颂劳动、反映生产斗争的肖垄社《种稻歌》、大武郡社《捕鹿歌》;也有歌颂祖先、歌颂斗争历史的阿束社和武洛社的《颂祖歌》;还有歌唱新婚、会饮等生活题材的南北投社《贺新婚歌》、南社《会饮歌》。高山族的神话内容丰富,有追溯祖先的起源的,也有找回自己爱情的等等。反映出高山族同胞的信仰、愿望、价值观念和艺术修养。此外，我们还可以品味高山文化的深刻内涵。

神话《同姓互婚的悲剧》讲述了血亲结合的最后下场。高山族寨那索人的长老，名为达莫阿道，他认为自己的族人身强体壮，又善于打猎，于是便进行了血亲通婚，过了五个月，族长想要知道通婚的结果，就让他们把外面的大梓树手拉手围起来，达莫阿道长老认为他们族人足够把树围起来，但就差一个人，结果他和他的族人当场都死了。这样一则神话表现他们曾经经历过血缘婚姻这一阶段，是对高山族原始的婚姻

高山族茅草屋

阿里山三代木景观

制度的体现。

我国的高山族、黎族、壮族等都有嚼槟榔的习俗，但各地的嚼法不一样。高山族嚼槟榔还有一个令人向往的传说。

台湾南部的山沟里住着两兄弟，哥哥叫宾郎，弟弟叫严实。兄弟二人以打猎为生。一天，在打猎回家的路上听见有人喊救命，便急忙赶过去。发现一位姑娘被老鹰袭击，情况很危险。哥哥拿起箭，射

中了老鹰的眼睛,疼痛难忍的老鹰飞走了。但姑娘的眼睛和心已经被老鹰给吃了,姑娘也死去了。

兄弟二人看者可怜的姑娘,决心将她救活。两人争着要把眼睛和心脏奉献出来,就在争执不休的时候,一只小鸟飞来,告诉他们姑娘的身世可怜,让兄弟两个去找老鹰,夺回姑娘的心脏和眼睛,因为路途遥远,小鸟送给他们两颗宝石,让他们含在嘴里,用宝石制服海里的火龙,让火龙背他们去找老鹰。

就这样,火龙背着两兄弟找到了老鹰,把心和眼睛要回来,救活了姑娘。三

反映高山族民俗特色的剪纸

载歌载舞的高山文艺

个人快乐地生活在一起。慢慢的,姑娘爱上了兄弟俩,又不知道要嫁给谁好,一愁就病倒了。兄弟俩轮流照顾着她。哥哥看出了姑娘的心思就告诉她:"虽然我很喜欢你,但我是哥哥,应该把幸福让给弟弟。"这番话正好让打猎刚回来的弟弟听见了。弟弟为了让他们二人幸福,就撞死在门旁的山脚下,哥哥闻声而去,看见弟弟死了,伤心欲绝,就撞死在弟弟身旁。姑娘见兄弟二人都因她而死,非常伤心,也撞死在山脚下,倒在两兄弟的中间。

富有民族特色的高山族建筑

后来,弟弟变成一块大岩石,哥哥变成一棵大树,被人们称做槟榔树。姑娘变成一棵茂密的葛藤,缠绕在岩石和槟榔树上。人们认为他们的爱还在延续。这则美丽的传说凄婉动人,人们嚼着红红的槟榔,就会回忆起这段悲伤又恒久的爱情。

民间童话是人们幻想的、有很强的趣味性的故事。《拉赫古与鱼姑娘》,孤儿拉赫古救了鱼姑娘,为了报恩,鱼姑娘变成美丽的少女嫁给了拉赫古。拉赫古深爱着妻子,在田间劳动时都要拿着她的画像。不料,有一次大风把画像吹走了,落在皇帝的手里。皇帝看上了鱼

茂盛的槟榔树

姑娘,派人找到鱼姑娘,并霸占为妻。拉赫古想尽一切办法与爱人取得了联系,趁进皇宫卖金戒指的机会,杀掉皇帝,夫妻二人又恩爱地过着自己的幸福生活。

(二) 艺术

高山族是能歌善舞的民族,是富有艺术天才的民族。他们的歌舞、音乐、雕刻等民族艺术驰名于世。在数千年历史长河当中,高山人的歌舞逐渐形成了自己浓郁的民族风情。歌舞几乎充满着高山族人的全部生活,他们为鼓励生产劳作而歌舞,为庆祝丰收而歌舞,在传统的祭祀节日中更是离不开歌舞。高山族人要用歌舞来抒发感情,以歌舞赞美劳动,

在高山族神话传说中,有很多关于槟榔的故事

高山族人喜爱嚼槟榔

高山族甩发舞

欢快的高山族竹竿舞

赞美英雄,赞美生活。

　　高山族舞蹈通常都是围绕着熊熊篝火,举杯畅饮,酒酣则歌舞并作,众多舞者手拉手围成圆圈,边唱边跳,以显示族群团结的力量,展现人们快乐的心情,舞蹈动作多为跺脚、跳跃、摇身、摆手等。

　　高山族舞蹈也是他们劳动生活的生动写照。这个善于狩猎和捕鱼的民族,在舞蹈动作中再现了自己狩猎和捕鱼的生产活动,这也成了高山族舞蹈的主要内容。例如,高山族舞蹈中有先退一步,然后双脚向前跳去的动作,这些动作就是对战斗中或狩猎时的进攻姿

带有原始舞蹈风格的高山族舞蹈

态生动的模仿；又如，双脚并拢半蹲，向前后左右跳动，同时双手下垂摆动或平举手腕的动作，也是在模仿他们围猎动物时候的姿态。由于一些高山同胞居住在海滨或岛屿上，因此，在他们的舞蹈中往往会表现出捕鱼的情景。再如，兰屿岛上雅美人的舞蹈中就有模拟划船的动作。这些带有狩猎和打鱼等劳动过程的歌舞，真实再现了台湾高山族独特的民族生活。

高山族舞蹈不仅有表现劳动生活的内容，也有表现大自然的内容。如群舞时，舞者双脚有节奏地缓慢向一旁移动，双手垂放在身体前方有节奏地轻轻摆

高山族舞蹈——甩发舞

动,好似一条大河滚滚流动着,形象而真切。

在明末清初时,伴随着大陆上汉族移民的到来,汉族的银饰、铜铃等装饰品也极大地丰富了高山族的舞蹈。早期高山族的民间舞蹈,手臂动作都极其简单,有了这些银饰、手铃之后,舞蹈动作上便有意增加了手臂的动作,或摆动或甩动。如阿美人在跳舞时,腰与手足都挂铃铛,发出清脆的响声,契合节拍,乐趣无穷。阿美人认为跳铃铛舞,可以逢凶化吉,还会给他们带来好运和希望。

高山族舞蹈的动作较为简单,但节奏比较鲜明,带有明显的原始舞蹈风

高山族女子服饰

格。高山族人把内心的喜悦都倾注在歌舞之中，舞蹈的内在节奏体现在外部形体动作上，形成一种颤动的舞蹈律动特征，结实有力，具有一种天真烂漫、热情奔放的动人美感。

发舞是高山族所具有的代表性舞蹈。这个舞才只有雅美妇女们所跳。傍晚，当渔船归来时，长发而又健壮的雅美妇女便集合在碧波翻滚的大海边，迎着金红色的落日，站成横排挽臂歌唱。她们身体随着歌声的节奏晃动着，在晃动的速度达到最高潮时，双脚便开始跳动，边跳边反复不断地向前弯腰将长发甩至地面，然后再挺起身来使长发甩于头后。在多彩绚丽的彩霞衬托下，前后摆动的长发，如阵阵滚动的波涛。雅美妇女就是用自己的优美的形体和舞姿，表现海洋波涛的壮丽和迎接远航捕鱼归来亲人。

此外，在雅美群体中还有竹竿舞、台风舞、饮水舞等。这些舞蹈虽然舞步简单，而且动作经常循环往复，但充分让人体会到，雅美人浓厚的生活气息和他们在舞蹈时的陶醉与欣赏。

在节日的歌舞场中，能歌善舞是青年选择对象的一个重要标准，当姑娘喜欢上谁，不需要用语言，只要站在小伙子身旁，一起跳舞，用舞蹈表达自己心中的千言万语。一个热爱劳动而又能歌善舞的小伙子，有时身旁会有两三个姑娘和他一起并肩而舞。他们所跳的舞，高山语称为"马利库拉"，不用器乐伴舞，大家一起手拉手，脚下变换着不同的舞步，因为有这样的主要特点，所以又被称为"拉手舞"。

拉手舞，是在高山族民间舞蹈中历史最为悠久、流传广泛的一种自娱性舞蹈。凡是举行婚姻、喜庆节日之时，都会跳拉手舞。跳拉手舞是男女都可以参加的娱乐活动，平日里跳舞，少则三五个人，多则数十个人，盛大节日时人数可

高山族彩绘木雕渔船

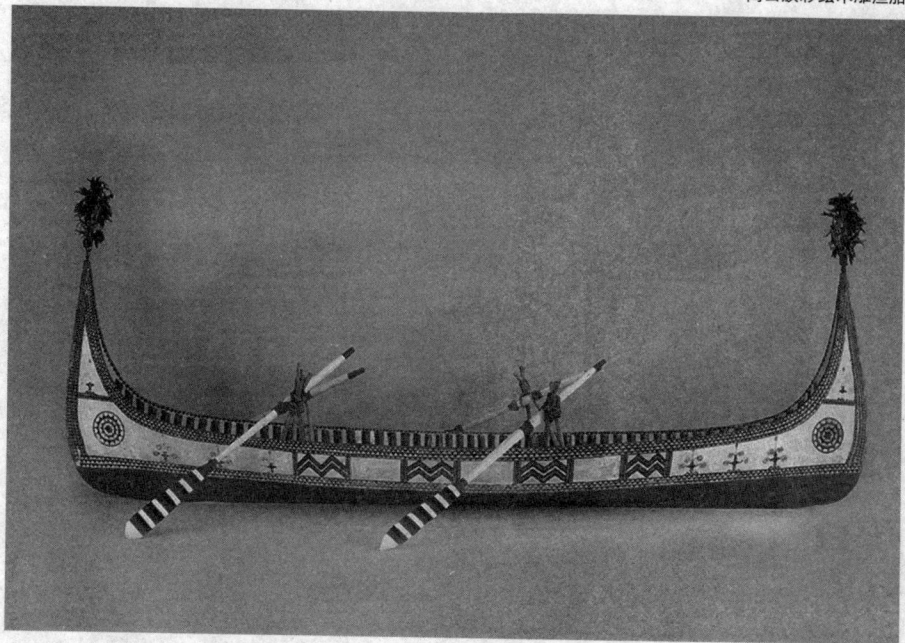

到数百人之多。跳舞时，分别围成一个圈或多个圈，通常会有一位能歌善舞的人担任领唱。歌词内容包括赞美祖先、赞美英雄、庆祝丰收、鼓励生产及触景生情即兴而歌等。在歌词中往往有"哪罗弯哪依哪哟""因乃哟嗬因海呀"等很多虚词、衬词，有时会有从头至尾都用虚词的歌，也有在开始或中间加入一些虚词的歌。成百上千的人拉起手来，迈着整齐而又多变的舞步引吭高歌，可以想像那壮观的场面。

拉手舞的动作主要由上步、撒步、抬腿、踏脚等步法组成，由于舞曲节奏、组合的变化多样，舞步也很丰富。男子还会

高山族聚居区一景

大幅度地向前跳跃、全蹲，甚至做直立
而起等较为激烈的动作。

拉手的方式分为两种：一种是"小
拉手"，即与两旁人相拉；一种是"大拉
手"，即隔一人相拉，形成互相交叉的连
臂拉手。小拉手时，可将双臂前后、上下
大幅度甩动或屈于身体两旁。大拉手则
不便于甩动手臂。拉手舞多沿圆圈或面
向圆心进退，除此之外，还有单排、双
排、螺旋、龙摆尾等队形。

高山族民歌有自己独特的魅力，在
歌谣中，描绘了高山人的勤劳勇敢，也
控诉他们所受的压迫剥削及苦难，是他
们向往美好生活的代表物。

美丽的高山族风景区

载歌载舞的高山文艺

日月潭中的拉橹岛

高山族民歌中有歌颂劳动、反映生产斗争的肖垄社《种稻歌》、大武郡社《捕鹿歌》；歌唱新婚、会饮等生活题材的南北投社《贺新婚歌》、南社《会饮歌》；歌颂祖先、歌颂斗争历史的阿束社和武洛社的《颂祖歌》等，还有力田、念祖、被水、认饷、祀年和别妇等内容的民歌。

高山族音乐有民歌与器乐两大类。

高山族特色乐器——弓琴

民歌比器乐丰富，具体可分劳动歌、生活歌、仪式歌和叙事歌四种。劳动歌是在农耕、捕鱼、狩猎及其他劳动中唱的，以农业劳动歌最多。生活歌又有细致的分类，分为抒情歌、朗诵歌、讽刺歌、舞歌、酒歌、儿歌和催眠歌等。仪式歌分为礼俗歌、祭典歌和巫咒歌等三种，礼俗歌是在婚礼、丧礼和迎宾送客等场合使用的；祭典歌用则用于农业、狩猎、渔业的祭祀仪式以及祭祖先、祭人头和举行成年仪式(祭猴)等重要仪式；巫咒歌多用在祈求降雨和祛除疾病的场合。叙事歌是以叙述历史以缅怀祖先和颂扬部落头人等为内容的传说故事歌。

根据位置相邻、社会发展水平相近和音乐上的某些共同点，高山族内（平埔除外）可以划分为五个音乐文化区。各个音乐文化区包括较原始的、复杂的民歌，并且在音阶、旋律、多声部结构、和声以至风格等方面都存在有很大的差异。

一、阿美地区和卑南地区都位于东部平原，他们和汉族接触较早，在高山族中有较高文化水平。这个音乐文化区使用五声音阶，旋律的音域较宽，富有歌唱性。卑南民歌的旋律优美、抒情，大多是单声部民歌；阿美民歌则热情而充满活力，包括单声部的一领众以及多声部的对位型合唱和轮唱等多种形式。阿美南

高山族聚居区茂盛的槟榔树

部的对位型合唱，是高山族多声部民歌中形式较复杂的合唱。

二、泰雅地区和赛夏地区大多使用不完整的五音阶。泰雅民歌音域狭窄，往往有不同程度的吟诵性；除单声部民歌外，赛夏矮灵祭祭歌中，有男、女声平行四、五度合唱；泰雅东南的赛德克地区有轮唱等形式。

三、布农地区、曹地区和邵地区都流行和声型合唱。在布农地区，合唱的盛行远远超过独唱，一般分二部，也有多声部的，各声部之间一般是一音对一音的关系。曹地区的民歌也以和声型合唱较多，合唱一般是部分地使用和声，比布农注重旋律,旋律较流畅,声部组合也以协和音程为主。此外,在日月潭居住的少数邵人,以杵歌杵乐著名。

四、鲁凯地区与排湾地区在17世纪末期社会发展达到了较高阶段。鲁凯以及排湾北部邻近鲁凯的地区主要流行带持续低音的合唱,多分二部,也有三部的。二部合唱的高声部由独唱担任,低声部由众人演唱持续音。这类合唱与当地人使用的双管鼻笛和双管竖笛演奏的曲调相似。排湾的其他地区则主要流行单声部民歌,旋律富于歌唱性。

五、雅美地区地处台湾本岛东南的兰屿岛,很少受外界影响,所以这个地区

高山族特色乐器——口弦

高山族聚居区一景

在高山族中文化程度较低。这个地区没有乐器，民歌也较为原始，其中仍有一些不准确的音高或未定形的音程、音阶。

高山族民歌很多都采用自由节拍，规整节拍中以偶数拍子最常见。高山族民歌的歌词在形式上有明显的特点，比如儿歌。儿歌的歌词多数采用连环句法。排湾民歌通常用比喻和含蓄手法，而赛夏矮灵祭祭歌的词句则是非常整齐的。

高山族的乐器，主要有木棍琴、口簧、弓琴、竖笛、鼻笛、乐杵、竹筒、铃、裂缝鼓和龟甲等。

木棍琴，是高山族特产，是高山族敲击体鸣乐器。阿美部族称木棍琴为阔康。

日月潭游客码头

在台湾省中部地区很流行。高山族阿美人以农耕为业，每到庄稼成熟时，就会有多种鸟前来捉食粟稻。聪明的阿美人就将枯木棍或枯竹竿吊挂起来敲打，以这种办法惊吓和驱逐害鸟。在人们敲击木棍的不同部位时，所发出的声音也高低不同，这样便成了可演奏曲调的体鸣乐器。

木棍琴是由发音体、木架和木槌三部分组成的。发音体大多用硬质木棍制作，木棍长一百二十厘米到一百六十厘米、直径为八厘米到十厘米，每个琴三根木棍，三根木棍的长度和直径都不相同，每根木棍的两端用绳子吊挂在木架上，三根木棍的距离相等。木棍发音有时会不准，这时可用刀子修削木棍，音低时削短木棍两端，音高时就要削细木棍；也可以移动吊挂木棍的绳子进行调整，音低时，把绳子向木棍中间移动，音高时，把绳子向木棍两端移动。

演奏时，演奏者坐在木架后面，将木棍横悬在腿前，两手各拿一根木槌敲击。民间常用木棍琴自娱自乐，或为民歌、舞蹈伴奏。这种用来惊鸟护粮的乐器，并没在高山族人民中普遍流传。目前，只有阿美部族的奇美村社中还保留

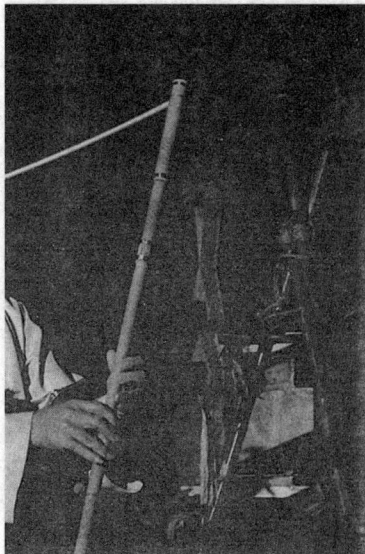

高山族特色乐器——鼻笛

高山族特色木雕

着这种古老的木棍琴。

现在台湾高山族音乐发生了很大的变化,就拿祭典歌来说,由于祭祀仪式除了收获祭、赛夏矮灵祭和雅美船祭以外,都已逐渐废除,与之配合的歌也逐渐消失在高山人的生活中。另外,由于社会在不断发展以及受到外来文化的影响,在阿美、排湾和泰雅等地区出现了一些现代抒情歌和讽刺歌,它们都是在传统民歌的基础上发展而成的新体裁。

高山族的木雕艺术具有太平洋地区原始艺术的特有风格,其中排湾人的木雕成绩最为突出。无论是在住宅上,还是在武器、生活器皿上都会有雕饰,雕刻的刀法粗犷,整体造型古朴。蹲踞状人像是图饰的主题,还有那些对图腾的雕刻,运用强烈的色彩对比,既夸张又写实,无不体现其雕刻艺术的灵魂。另外,在雅美人的渔船也有别具一格的雕饰,雕刻的艺术境界让世人赞不绝口。

排湾人尤以擅长雕刻。其图腾艺术多体现在雕刻艺术中:雕刻的种类分为三种:浮雕、阴雕、全体雕。雕刻的原料大多都是木竹或石。雕刻对象大都是蛇、人头、人像及几何形等。因为排湾人的图腾观念浓重,所以图腾的雕刻会在各种地方出现，如在首领、贵族住宅的祖灵柱、板壁、檐桁、梁、槛楣、门板、装饰挂板、屏风、祈祷箱、护身匣、神杖及酒杯、匙、勺、筒、壶、罐、小臼、木枕、盾、枪柄、弓箭、刀柄、刀鞘、烟管、竹笛、口琴、耳饰等。雕刻的另外一个特点是：绝大多数雕刻为材质本色，不会涂漆上色。

纺织，是高山族人民在很久以前就掌握了的一门手工艺术。泰雅和赛夏两个族系中，用"男以武工，女以纺织"这样的说法来决定其社会地位。他们的纺织方法大体相同，都有垂直纺轴，用手搓捻后缠在轴上。用来纺织的机器都是较原始的平地腰织机。纺织机的夹布板

高山族聚居地——伊达邵

高山族木雕

两端挂在织妇的腰上，经线的尾端绕在经线筒或经线轴上，用两脚蹬着。而高山族的阿美、雅美和卑南人则用两根木柱插在地上，把经线板拌住，不用脚蹬，夹布板仍绑在腰间，织妇们就坐在地上或凳子上进行纺织。按照高山族的传统习俗，当女子在织布小屋中织布时，男子不能进入。纺织品主要有白麻布和白褐相间的平行条纹麻布两种，高山族妇女们要在布上进行刺绣、挑花，用于各种装饰。

七 秀美怡人的高山风景

阿里山繁茂的森林

（一）阿里山

阿里山是台湾著名风景区之一，在台湾有"不到阿里山，不知阿里山之美，不知阿里山之富，更不知阿里山之伟大"的说法。

阿里山是大武峦山、祝山、塔山、尖山等18座山峦的总称，位于台湾嘉义县东北部。阿里山有四大著名风景：云海壮观、擎天神木、日出奇景、艳红樱花。

塔山是观看云海的最佳地点。天气晴朗时，登高远眺，可以看见云浪在空山灵谷间飘逸，时如汪洋一片，时如大地铺絮，时如空谷堆雪。忽暗忽明，若隐若现，

美丽的阿里山

阿里山风光

令人感叹。

　　阿里山天然森林区中到处是参天古木。其中有一棵经历三千多年的红桧，高约五十三米，被称为"神木"；另有一棵红桧已有四千多年的树龄，高四十八米，被人们称为"眠月大神木"。最珍贵的为"三代木"，树中有树，三代同堂。因此，去阿里山观光的人都要去观赏一下它们的雄姿。阿里山上众多的奇木异树汇成了一片绿色海洋，久居城市的人，来到这里就会产生心旷神怡的感觉。

　　阿里山的祝山顶上，有座观日楼，是观看日出的最佳点。当太阳慢慢地升

日月潭风光

起时，天空的颜色随着太阳的变化而变化，时而墨蓝，时而淡青，时而灰白，时而殷红。太阳升起时为椭圆形，沉下后再跃起，则为圆形，光芒四射，十分壮观。

春天的阿里山，漫山遍野开满了樱

远望慈恩塔

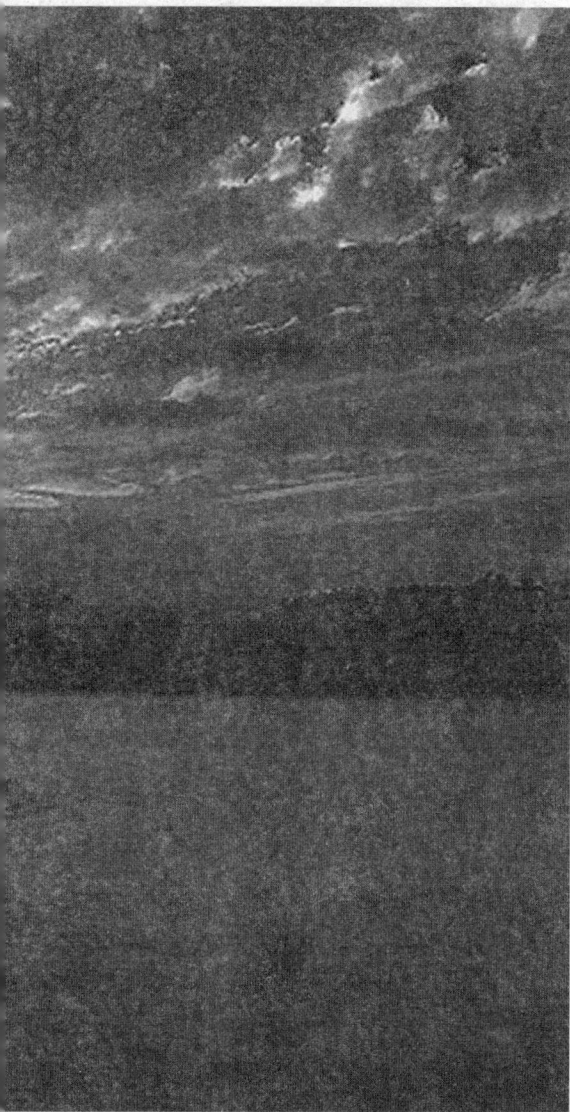

花,红白辉映,形成花的海洋。雪白的云彩,让人陶醉。

阿里山气候温和,盛夏时节依然清爽宜人,加上葱翠树林,可称之为全台湾最理想的避暑胜地。

日月潭是台湾唯一的天然湖

日月潭边的慈恩塔

（二）日月潭

日月潭是台湾唯一的天然湖，被水社大山、大尖山等连峰环绕着。湖中有一个孤岛，名为光华岛，也叫珠子山、浮珠屿。以光华岛为界，潭水分为丹碧两色。北半部分为前潭，水色为丹，形如日轮，故名日潭；南半部分称为后潭，水色为碧，形似月，故名月潭，合称日月潭。

日月潭旧称水沙连、水社大湖、龙湖、珠潭，台湾当地人也称它水里社。在祖国各大名湖中，独具亚热带的特色，风雨中无不蕴藏着大自然的美，潭水四时不竭，水极清纯，无垠的绿波如同一面明镜，倒映着山中秀丽风景。清晨，潭上往往有薄如轻纱的雾，山风吹来，烟雾隐住了光华岛，而湖面则更显得烟波浩渺了。

日月潭四周的群山上有众多名胜古迹，比如文武庙、玄光寺、涵碧楼、孔雀园等等。文武庙在潭北面的山腰上，山势十分陡峻，文武庙依山而筑，从山脚到庙门，有笔陡石阶三百六十五级，俗称"走一年"。庙为三进，第一进文庙，是祭祀孔子的；第二进武庙，是祭祀武圣关羽的。此外还附祀神农大帝、三官大帝、玉皇大帝等。玄光寺在距潭十米处，供奉法师金

台湾日月潭景观

玄奘寺内供奉有唐玄奘的灵骨

身，寺中悬挂着"民族法师"的匾额，以纪念其西行万里，历经艰难险阻后携回数万经典，对佛学及我国古代文化的重要贡献。在玄光寺的后面有条小路，可以直达寺内。寺内供奉着唐代高僧唐玄奘的灵骨。抗日战争期间，部分玄奘遗骨被日本人从南京天禧寺劫走，于1966年从日本取回，起初存在狮头山开善寺，继移日月潭玄光寺，后存玄奘寺。

高山族
118

日月潭景区饲养的孔雀

　　在玄奘寺后的青龙山巅,有一座慈恩塔,塔高九层,仿辽宋古塔样式,为八角造型。据说,塔基至塔顶高为四十五米,加上青龙山高九百九十五米,恰好为一千米。登塔远眺,日月潭风光尽收眼底。

　　日月潭风景区不但风光美丽,而且气候宜人,以其天生绝色,被称为台湾仙境。

高山族聚居区风光

　　高山族人的用自己的生活把传统文化体现得细致入微，当我们看到那些热情好客的高山族同胞的笑脸时，就会为之感动。